Dschalāl ad-Dīn Rūmī

Sieh! Das ist Liebe!

Gedichte

Dschalāl ad-Dīn Rūmī

Sieh! Das ist Liebe!

Gedichte

Ausgewählt und übertragen von
Annemarie Schimmel

Mit Illustrationen von
Ingrid Schaar

Chalice Verlag

Die Erstausgabe erschien
1993 im Sphinx-Verlag, Basel

Buchgestaltung: Robert Cathomas
Herstellung: BoD – Books on Demand GmbH
Printed in Germany

ISBN 978-3-942914-41-3

Inhalt

Einleitung

DSCHALĀL AD-DĪN RŪMĪ

Dschalāl ad-Dīn Rūmī (1207–1273), verehrungsvoll Maulānā, »unser Meister« genannt, wurde im heutigen Afghanistan geboren und verbrachte den größeren Teil seines Lebens in Konya in Anatolien (dem Land der »Rhomäer«, Rūm, daher sein Beiname Rūmī). Der junge Theologieprofessor wurde durch seine Begegnung mit Schamseddin (»die Sonne der Religion«) von Täbris in einen mystischen Dichter verwandelt, denn Schamseddin führte ihn auf den Gipfel mystischer Erfahrung. Aus seiner Sehnsucht nach dieser Sonne, die zuerst für eine Zeitlang, dann für immer verschwand, wurde Maulānā Rūmī zu einem Dichter, der Tausende von ekstatischen Versen beim Klang der Musik sang, oft, während er in hingerissenem Tanze wirbelte.

Unermüdlich rief er den Geliebten:

Nicht alleine sing' ich immer
  Schamseddin und Schamseddin,
Nein, die Nachtigall im Garten
  und das Rebhuhn auf dem Berg!
Tag voll Leuchten: Schamseddin!
  Und Himmel drehend: Schamseddin,
Edelsteinberg: Schamseddin,
  und Schamseddin ist Tag und Nacht.

Daher ist das Symbol der Sonne in seiner Dichtung so zentral: Es ist eine Anspielung auf den Namen des Freundes, jenes Freundes, der zugleich schön und gefährlich ist, gleichwie die Sonne. Alle Verse Rūmīs sind inspiriert, wie er zugibt:

Ich denk' an Reime, doch mein Liebster spricht:
»Denk' du an andres nicht als mein Gesicht!«

Schams bleibt der unsterbliche Mittelpunkt der Inspiration, obgleich Maulānā sich später dem Goldschmied Salaheddin zuwandte, um sich nach der brennenden und verbrennenden Liebe zu Schams wiederzufinden; dann wandte er sich wiederum zu dieser

Welt, um auf Bitten seines Lieblingsschülers Hüsameddin Çelebi das *Masnawī* zu dichten, die »Geistigen Doppelverse«. Dieses Werk, das in den unter persischem Kultureinfluss stehenden Gebieten als »Koran in persischer Zunge« gepriesen wird, ist ein Kompendium mystischer Erfahrung, eine Sammlung von Traditionen, Prophetengeschichten und Folklore in über 25000 Versen, denen eine »logische« Ordnung zu fehlen scheint. Am Anfang dieses Werkes stellt Maulānā klar fest, dass man seine mystischen Erlebnisse in verhüllter Form aussagen muss:

Des Freunds Geheimnis möge niemand lichten –
Du horche auf den Inhalt der Geschichten!
In Märchen, Sagen aus vergangnen Tagen
Lässt sich des Freunds Geheimnis besser sagen!

Siebzehn Jahre danach, kurz vor seinem Tod, hat Rūmī noch einmal das Mysterium der Liebe in seiner Beschreibung der liebenden Suleika* ausgedrückt, deren jeder Gedanke nur auf den Einen gerichtet war, Der Sich im schönen Josef (Yusuf) verkörpert hatte:

Und wenn sie sprach:
»Das Wachs ward weich im Feuer«,
So meinte sie:
»Der Freund war lieb zu mir.«
Und wenn sie sprach:
»Schau, wie der Mond dort aufgeht!«
Und wenn sie sprach:
»Grün ward der Weidenzweig!«
Und wenn sie sprach:
»Wie doch die Blätter zittern!«
Und wenn sie sprach:
»Wie schön die Raute brennt!«
Und wenn sie sprach:
»Mit Rosen sprach der Sprosser!« [...]
Und wenn sie sprach:
»Der Fürst enthüllt' Geheimes!« [...]

* Suleika war die Frau des Potifar, die in Liebe zu ihrem Sklaven Josef (Yusuf) entbrannte, wie es der Koran (Sure 12) und die Bibel (Genesis 37–40) berichten. Sie ist in der persischen Dichtung das Sinnbild der sehnsüchtigen Seele, die nach der absoluten Schönheit sucht.

Und wenn sie sprach:
»Klopft mir den Teppich aus!«
Und wenn sie sprach:
»Es fehlt dem Brot am Salze!«
Und wenn sie sprach:
»Der Himmel läuft verkehrt!«
Wenn sie es lobte, hieß es »Sein Umfangen«,
Und wenn sie tadelte, hieß »Trennung« es.
Und wenn sie hunderttausend Namen häufte,
Sie meinte Josef, wollte Josef nur [...]

Rūmīs Dichtung, ob lyrisch oder episch-didaktisch, spiegelt diese Erfahrung in immer neuen Bildern wider, in Gleichnissen, die dem täglichen Leben entstammen, oder in sich hochschwingenden Versen, die alle Gefühle des Liebenden ausdrücken – Sehnsucht, Verzweiflung oder Hoffnung; in Versen, in pochenden Rhythmen, den Rhythmen eines Herzens, das Frieden findet, wenn es des Namens des Geliebten gedenkt; in Gebet und völliger Hingabe, im mystischen Tod, wie er in der Bewegung der »Tanzenden Derwische« symbolisiert wird, die, von Rūmīs Dichtung inspiriert, durch ihr Ritual auf das Mysterium des Sterbens und Wiederbelebtwerdens in Göttlicher Liebe hindeuten. Singt nicht Rückert im Geiste Maulānā Rūmīs:

Wer die Kraft des Reigens kennet,
lebt in Gott,
denn er weiß, wie Liebe töte –
Allāh Hū!

Annemarie Schimmel (1922–2003) war eine der weltweit renommiertesten Islamwissenschaftlerinnen und genoss sowohl im Westen als auch in muslimischen Ländern großes Ansehen in der Fachwelt ebenso wie bei einem breiteren Publikum. Die in Erfurt Geborene wurde bereits mit dreiundzwanzig Jahren Professorin für Arabistik und Islamische Studien in Marburg und lehrte später an den Universitäten von Ankara, Harvard, Bonn, London, Edinburgh und Lahore in Pakistan. Sie verfasste eine große Zahl von Büchern und Artikeln zu den Themen Islam und Sufismus, wozu unter anderem auch grundlegende Werke über Pakistans Nationaldichter Muḥammad Iqbāl oder Dschalāl ad-Dīn Rūmī gehören. Annemarie Schimmel setzte sich in ihrem Leben und Werk für ein besseres Verständnis des Islams im Westen und ein wertschätzendes Miteinander von Muslimen und Nicht-Muslimen ein. 1995 wurde ihr der Friedenspreis des Deutschen Buchhandels verliehen. Hohe Auszeichnungen erhielt sie auch in Pakistan; in Lahore wurden eine Straße sowie das ehemalige Goethe-Institut nach ihr benannt.

Ingrid Schaar (1937–2004) studierte Modegrafik und lehrte bis 1968 an der Fachhochschule für Design in Bielefeld, bevor sie sich in ihren Motiven dem Tanz und dem Theater zuwandte. Besondere Faszination übte der menschliche Körper in Bewegung auf sie aus. Als stille Beobachterin im Hintergrund des Bühnenraums hielt sie mit schnellen, exakten Strichen den Augenblick, die Geste fest. Alle Skizzen entstanden spontan, nichts wurde ihnen später hinzugefügt. Hauptsächlich arbeitete sie mit Feder, Rapidografen und Tusche, selten mit Filzstift (Quelle: Ingrid-Schaar-Sammlung der Akademie der Künste). Die Zeichnungen in diesem Buch entstanden während einer Zeremonie der »Drehenden Derwische« in Konya in der Türkei.

SIEH! DAS IST LIEBE!

Gedichte

Sieh, das ist Liebe: himmelwärts zu fliegen,
In jedem Nu die Schleier zu besiegen,
Im ersten ganz den Atem anzuhalten,
Im letzten dann den Fuß zurückzuhalten,
Die Welt als Unsichtbares zu betrachten,
Das eig'ne Seh'n als Sehen nicht zu achten.
»Oh Herz«, so sprach ich, »möge es dir frommen,
Im Kreis der Liebenden nun anzukommen,
Von jener Richtung aus die Welt zu sehen,
Tief in die Winkel deiner Brust zu gehen!
Was für ein Hauch rührt, Seele, dich mit Schmerzen?
Woher kommt dieses Zittern meinem Herzen?
Oh Vogel, sprich mir mit der Vögel Zungen,
Da in den tiefern Sinn ich eingedrungen!«
»Ich war es, der die ew'ge Werkstatt kannte,
Wo man die Form aus Lehm und Wasser brannte.*
Vom Haus der Schöpfung war ich schon entflogen,
Eh noch geschaffen ward des Hauses Bogen.
Ich hatte keinen Fuß, um zu entfliehen,
Und ließ mich ballgleich nun in Formen ziehen [...]«

~

* Jesus konnte, wie der Koran sagt, durch seinen Atem kleinen Tonvögeln Leben einhauchen; der lebensspendende Atem Jesu steht für die belebende Macht des Geliebten.

Durch Liebe ward das Bittre süß und hold,
Durch Liebe ward das Kupfer reines Gold,
Durch Liebe ward die Hefe rein und klar,
Die Liebe bot der Krankheit Heilung dar,
Durch Liebe wird belebet, wer entschlafen,
Durch Liebe werden Könige zu Sklaven.
Die Liebe macht das tote Brot zur Seele,
Macht ewig die Vergängliche, die Seele!

In mir selbst bin ich Kupfer,
durch dich, Freund, bin ich Gold;
In mir selbst bin ein Stein ich,
durch dich: Rubin ganz hold!

Eine Freundin sprach zum Freund: »Oh Jüngling,
In der Fremde sahst du viele Städte –
Welche Stadt darunter war am schönsten?«
»Jene«, sprach er, »wo die Liebste wohnt!«

~

Oh Sonne, wieder füll' das Haus mit Licht,
Beglück die Freunde, blende uns're Feinde!
Steig hinterm Berg auf, wandle zu Rubinen*
Die Steine, koch' die sauren Trauben süß!
Oh Sonne, komm, lass grünen unsern Weinberg,
Die Steppen füll' mit Ḥūris,** grünen Kleidern!
Oh Arzt der Liebenden, oh Himmelsleuchte!
Hilf du den Liebenden, die Kranken rette!
Zeigst du dein Antlitz, wird die Welt voll Licht –
Willst Dunkel du, verdecke dein Gesicht!

* Rubine entstehen nach orientalischem Volksglauben, wenn die Sonne einen gewöhnlichen Stein lange Zeit bescheint und er alle ihre Strahlen aufnimmt: Sinnbild der verwandelnden Kraft der Göttlichen Gnade.

** Paradiesjungfrauen.

Heut ist der Schlaf von Aug' und Hirn entflohen,
Fand ruiniert mein Herz und ist geflohen,
Er sah zerstört das Herz, sah eine Wüste,
Und ist vom Braten ohne Salz geflohen.
Der arme Schlaf ward von der Liebe Fäusten
Misshandelt und ist vor dem Schlag geflohen!
Die Liebe, krokodilgleich, riss ihr Maul auf –
Ins Wasser ist der Schlaf fischgleich geflohen [...]

Wenn ich die Augen aufgetan,
seh' ich die Schönheit Dein,
Und öffne meine Lippen ich,
trink ich nur Deinen Wein.
Zu sprechen mit den Menschen,
scheint verboten mir zu sein.
Doch wenn von Dir gesprochen wird
– lang wird mein Wort dann sein!
Ich bin ganz lahm, wenn man mich zieht
auf irgendeinen Weg –
Doch auf dem Weg, der zu Dir führt,
da renn' ich von allein.
Mein Licht ist größer als der Mond
und als die Sonne auch,
Wend' ich zum König voller Huld
das Herz, das Antlitz mein!

~

Ich wähle Dich von aller Welt alleine.
Sprich, willst Du, dass ich traurig sitz' und weine?
Der Feder gleicht mein Herz in Deinen Händen;*
Du bist der Grund, wenn froh, wenn trüb ich scheine.
Was will ich außer dem, was Du für gut hältst?
Die Bilder nur, die Du zeigst, nenn' ich meine!
Bald treibst Du Rosen aus mir, bald auch Dornen,
Bald Schmerz, bald Duft schenkt mir die Ros' im Haine.
Wünschst Du mich *so,* füg' ich mich Deinem Willen;
Hältst Du mich *so,* so bin ich ganz der Deine.
Dort, wo Du, Herr, dem Herzen Farbe schenkest,
Verfließt mir Lieb' und Hass ins ewig Eine.
Wenn Du verborgen bist, bin ich nicht gläubig;
Damit ich fromm bin, ew'ges Licht, erscheine!
Was suchst in meinen Ärmeln Du und Taschen?
Denn Schätze hab' ich – als die Du schenkst – keine!

* Das menschliche Herz ist »zwischen zwei Fingern Gottes«, wie der Traditionsspruch sagt. Es kann daher der Rohrfeder verglichen werden, mit der Gott, der Meisterkalligraf, schreibt, was Er für richtig erachtet.

Wie die Feder ward mein Herz
    in des Liebsten Händen:
Heute Nacht schreibt er ein Z,
    morgen schreibt er S.
Und er spitzt die Feder an
    für Fraktur, Kursive –
Sagt die Feder: »Ja, ich weiß,
    was ich bin – ich füg' mich.«
Manchmal schwärzt er ihr Gesicht,
    wischt im Haar sie ab,
Manchmal hält er sie verkehrt,
    schreibt mit ihr dann wieder [...]

~

Mein Herz ist der Muschel gleich,
Die Perle: des Freundes Bild.
Ich passe nicht mehr in mich –
Er füllt ganz das Herz mir aus!

~

Oh Seele, in beiden Welten
hab' ich keinen Frohsinn gesehen,
In all den unzähligen Wundern
hab' ich doch wie Dich keins gesehen!
Es heißt: »Die Gluten des Feuers,
die sind das Schicksal der Heiden!«
Ich habe, Dein Feuer entbehrend,
nur Abū Lahab* gesehen!
Ich legte das Ohr meiner Seele
oft an das Fenster des Herzens:
Ich habe wohl Worte vernommen,
doch nie die zwei Lippen gesehen.
Du schenktest dem niedrigen Diener
ganz plötzlich das Kleid Deiner Gnade –
Nur Deine endlose Güte,
die habe als Grund ich gesehen!

Mein Augapfel Du, holder Schenke:
in keinem Lande des Ostens,
Noch in Arabiens Steppen
hab' ich Deinesgleichen gesehen!
Oh Milch Du und süßer Zucker,
Du Mond und Du strahlende Sonne,

* Abū Lahab, »Vater der Flamme«, war der Erzfeind des Propheten Mohammed; er fiel 624 in der Schlacht bei Badr. Der »Vater der Flamme«, zum Höllenfeuer verdammt, ist der einzige, der Gottes Gnadenfeuer nicht kennt.

Oh Mutter, Vater! – Verwandte
  hab' ich außer Dir nie gesehen.
Oh Liebe ohne Verderben,
  oh Göttlicher fröhlicher Sänger –
Nie habe ich einen Dir Gleichen
  an Schutz und an Stärke gesehen!
Wir sind nur stählerne Späne;
  Magnet ist für uns Deine Liebe;
Du bist die Quelle des Sehnens,
  das ich in mir selbst nie gesehen.

~

Siehst die Sonne du, so denke
  an des Freundes Angesicht!
Siehst die Wolke du, so denke
  an des Dieners Tränen schlicht.
Siehst du dann den Mond, den neuen,
  der zerschmolzen ist gleich mir,
Deiner Seele wegen denke
  an die mag're Seele hier!
Blickst du auf zum Himmel, siehst du,
  wie der Sphäre Kopf sich dreht –
Meiner, kopf- und fußlos, denke,
  mein, dess' Kopf sich ständig dreht!
Wenn du siehst, wie schwarz die Welt ward
  von dem Schwarzenheer der Nacht –
Derer, die gefangen, denke
  in der Trennung Kerkernacht!
Siehst am Himmel du die Wega,*
  diesen Vogel-Stern voll Brand –
Ach, der Herzensvögel denke,
  deren Schwingen ganz verbrannt!
Wenn am Himmel du den Mars siehst,
  der, nach Blut nur dürstend, blinkt –
An das Auge, Mars-gleich, denke,
  das mein Blut vergießt und trinkt!

* Der arabische Name des Sternes Wega lautet *at-Tā'ir al-wāqi'*, »der fallende Vogel«, daher der Vogelvergleich.

Ich reiste und besuchte alle Städte,
Hab' niemand doch mit Deiner Huld gesehen!
Entfernt vom Garten Deines Angesichtes
Pflückt' keine Frucht, konnt' keine Rose sehen.
Da ich durch Elend fern von Dir geraten,
Ließ ich von hundert Elenden mich schmähen.
Was sag' ich? Tot war ohne Dich gewiss ich!
Gott ließ von Neuem wieder mich erstehen!

~

Hör auf der Rohrflöte Lied, wie es erzählt
Und wie es klagt vom Trennungsschmerz gequält
Masnawī, I 1

بشنو این نی چون شکایت میکند
از جدائیها حکایت میکند

Wo den Fuß du hinsetzt, Seele mein,
Sprosst Jasmin und Veilchen, Tulpenreih'n;
Nimmst ein Stückchen Lehm und bläst darauf:
Krähe wird es oder Taube sein!
Wäschst die Hand in ird'ner Schüssel du,
Wird durch deine Hand zum Gold sie rein.
Betest du an einem Grab, dann hebt
Ein Beglückter sich aus Staub und Stein.
Rührt dein Saum an scharfe Dornenzweige,
Wird er sie zur Geige, tönend, weih'n.
Jedes Götzenbild, das du zerschlägst:
Seele und Verstand hauchst du ihm ein.
Scheinst auf einen Mann mit Unheilsstern –
Größter Glücksstern wird er, frei von Pein. [...]
Fünfzig Verse möcht' ich singen noch –
Doch ich schweige – nun sprich du allein!

~

Komm auf das Dach, den neuen Mond zu sehen!
Komm in den Garten, Äpfel dort zu pflücken!
Der Duft des Apfels, den man hier zerschneidet,
Wird bis nach China und noch weiter wehen!
Komm, ernte Äpfel, strecke aus den Fuß,
Mach' Teppiche von Äpfeln, rubinrot!
Ob ich ihn »Apfel« nenne oder »Wein«,
»Narzisse«, »Rosenhag«, »Wildrose fein« –
's ist alles eins – denn was gehört ihm nicht?
Oh Gott, beschütze ihn! Ja, Amen, ja!
Komm, wenn du jetzt ein Märchen hören willst!
Komm, setze kerzengleich dich vor mich hin.
Ich habe große Angst, du liefest fort!
Komm näher her, wirf deine Schuhe fort!

Komm, setz dich neben mich, schmieg fest dich an
Und sei nicht länger selbstbewusst, kokett:
Komm etwas näher noch, du Gnadenschatz,
Dass Farbe tönt dein goldenes Gesicht!
Erlaubst du's? Wenn ich auch nicht reden mag
Mit Schmeichelei und mit Versprechen falsch. [...]
Du bist zu rein für solch Benehmen, doch
Die Liebenden, sie sprechen oft verwirrt!

~

Im Schatten deiner Locken,
wie süß schlief doch mein Herz,
Berauscht und voller Liebe,
so friedevoll, so frei.

~

Was bist du für ein Vogel, Herr?
Wie heißt du? Wozu dienst du?
Du fliegst nicht und du grasest nicht,
Du Zuckerbäckervogel!
So wie der Vogel Strauß – man sagt:
»Nun fliege!« Und du sagst:
»Ich bin doch ein Kamel – und wann
Wär' ein Kamel geflogen?«
Und kommt der Zeitpunkt für die Last,
Sagst du: »Ich bin ein Vogel!
Wann trägt ein Vogel eine Last?
Nein, keinen Umstand bitte!«

~

Spät kamst du – geh nicht so rasch!
Denn gehst du, so geht auch mein Leben!
Spät kommen und eilends dann gehn,
Das ist die Sitte der Rosen!
Du fragtest: »Wie geht es dir denn?«
»Ein Fisch auf dem glühenden Sand!«
Wie geht's einer Stadt, die entbehrt
Des Herrschers Gerechtigkeit, Fürst?
Ich bin zwar nicht ohne dich, doch
Ich möchte, das sei ganz verborgen –
Zur Nacht scheint die Sonne ja auch,
Vor allem im Juli so heiß,
Und nur ihre Hitze genügt
Der Fledermaus, fürchtend die Vögel,
Denn die wollen Wärme und Licht,
Da sie an die Sonne gewöhnt!
Ich sprach von zwei Vögeln ja jetzt –
Welch einer bist, Dichter, du selbst?

~

Alles habe ich versucht –
nichts war holder doch als Du –
Wenn ins Meer ich tief getaucht –
keine Perle war wie Du!
Alle Fässer tat ich auf,
hundert Flaschen prüfte ich –
Doch kein Wein benetzt den Mund,
der berauschender als Du!
Rosen lächeln und Jasmin
tief im Herzen mir;
Jedoch der jasminenbrüst'ge Freund
kam doch niemals auf mich zu.
Und mein Herz flog taubengleich
aus dem Leib mir, auf Dein Dach –
»Meine Taube kommt nicht mehr!«
klag' ich, sprossergleich, ohn' Ruh!

~

Vor ihn trat gestern ich, sehr aufgeregt.
Er saß ganz still und fragte nicht nach mir.
Ich sah ihn an; das hieß: »Nun frage doch:
Wie ging es ohne mich denn gestern dir?«
Mein Freund jedoch sah nur zur Erde hin:
»Sei wie die Erde still und ohn' Begier!«
Die Erde küsst' ich, warf mich hin; das hieß:
»Verwirrt, berauscht wie Staub bin ich vor dir!«

Wenn wir für Erd' und Himmel Frieden brächten
Und Silber rein vor Deine Hunde legten,
Und spannten dann für Deinen Königsvogel
Am Morgen aus ein Netz von Herz und Augen,
Und schickten Nachricht Dir von tausend Herzen
Durch einen blut'gen Brief an jeder Wegspur,
Und weilten wir in Deinem Läut'rungsfeuer
Wie Gold und Silber, um dort rein zu werden,
Und wenn nach allem diesem – Bei dem Reinsten! –
Wir ausgeblickt, zu finden jenen Einen,
Dann würde es am Ende dazu kommen,
Dass wir »verwirrt« uns nur, »verstört«, uns nennen!
Wenn der Verwirrten Wein sich dann uns zeigte,
Aus Herzen machten tausend Becher wir,
Und nähm' uns an die Brust der reine Freund dann,
So zähmten wir des Himmels störrisch' Ross!*

~

* Das Himmelsross: Der sich drehende Himmel wird oft mit dem Schicksal gleichgesetzt; gern erscheint er in seiner Unberechenbarkeit als ein störrisches Pferd, das niemanden verschont.

Weißt du wohl, was wir für Vögel sind?
Was wir heimlich singen allezeit?
Könnte jemals jemand uns ergreifen?
Bald sind wir Ruinen, bald ein Schatz.
Dreht der Himmel sich um uns'retwillen,
Deshalb dreh'n wir wie die Sphären uns.
Könnten wir in diesem Haus verweilen?
Gäste sind wir doch in diesem Haus!
Gleich ich äußerlich dem Straßenbettler,
Innerlich bin ich ein mächt'ger Fürst.
Morgen bin ich König von Ägypten* –
Warum gräm' ich mich im Kerker jetzt?

~

* Josef (Yusuf) wurde, wie Koran und Bibel wissen, in die Grube geworfen, nach Ägypten verkauft und nach mancherlei Heimsuchungen endlich zum »Mächtigen von Ägypten« erhöht.

An Deinem Tisch sind wir, bei Deinem Becher –
Wo wir auch sei'n, wohin auch unsre Reise.
Wir sind die Bilder, die von Dir geformten,
Wir sind ernährt von Deiner Huld und Speise.
Wir sind gleich Taubenjungen Deines Turmes;
Um Deine Halle ziehn wir unsre Kreise.
Des Himmels goldner Ball, er tanzt für uns, denn
Wir sind Dein Polostock in Deinem Kreise.
Ob Du zum Ball uns machen willst, zum Schlägel –
Solange ich Dein Spielfeld nur durchreise!
Mach uns zur Schlange oder auch zum Stabe –
Wir sind, wie Mosis Wunder,* Dir Beweise!
Tu Du den Mund uns auf und schließ' ihn wieder –
Wir sind Dein Sack – bind' uns auf Deine Weise!

~

* Moses' Wunder: Moses warf seinen Stab zur Erde, und dieser wurde zur Schlange, die die Schlangen der Zauberer des Pharao verschlang.

Sieh, ich starb hundert Mal und lernte Eines:
Wenn Dein Duft kam, er konnte mich beleben.
Und hundert Mal bin leblos ich gesunken –
Da kam Dein Ruf und konnte mich erheben.
Ich spannt' ein Netz aus für den Falken »Liebe« –
Mit meinem Herz sah ich den Falk entschweben!

~

Das Unreife kann den Zustand des Reifen nicht verstehen,
deshalb muss ich mich kurz fassen, lebe wohl!
Masnawī, I 18

در نیابد حال پخته هیچ خا
پس سخن کوتاه باید والسلام
١٩٩٠

Ein Tag ist's der Freude –
  lass Freunde uns werden,
Die Hände uns reichen,
  den Liebsten erreichen!
Wir sind gleicher Stärke,
  wir sind gleicher Farbe –
So lasst uns denn tanzend
  den Marktplatz erreichen!
Ein Tag, wo die Schönen
  im Tanze sich drehen –
Nun schließt unsern Laden,
  das Glück zu erreichen.
Ein Tag, da Gott kleidet
  die Seele in Ehre
Und wir, Gottes Gäste,
  Mysterien erreichen,
Ein Tag, da im Garten
  Idole* jetzt zelten
Und wir, sie zu sehen,
  den Garten erreichen!

~

* Idol: häufiger Ausdruck für das schöne, »anbetungswürdige« geliebte Wesen.

Wenn zur Abendzeit ein jeder
 seinen Tisch deckt und die Kerzen,
Bin ich mit des Freundes Traumbild –
 Seufzen, Klagen, Gram und Schmerzen!
Wasch' mich zum Gebet mit Tränen –
 dann wird mein Gebet zu Gluten:
Der Moscheen Tor fängt Feuer,
 wenn daran schlägt mein Gebetsruf. [...]
Ist wohl das Gebet des Trunknen,
 sage mir, ist es wohl gültig?*
Denn er weiß von keinen Zeiten,
 denn er kennt ja keine Orte.
Sind's zwei Folgen des Gebetes?
 Oder ist es schon die achte?
Welch Kapitel rezitiert' ich?
 Denn ich habe keinen Mund mehr!
Wie klopft' ich an Seine Pforte,
 Da nicht Herz mir blieb, nicht Zunge?
Du nahmst Herz und Zunge von mir –
 so verzeih mir, Herr! Sei gnädig!
Nein, bei Gott! Wie könnt' ich wissen,
 wie ich das Gebet verrichtet?
Ob die Beugung ich vollendet?
 Wer der Leiter der Gemeinde?

* Nach dem Koran (Sure 4:43) darf der Berauschte kein Gebet verrichten.

Denn ich bin nur wie der Schatten
vor und hinter jedem Leiter,
Und ich wachse und ich schwinde,
wie der Schattenträger wandelt.

~

Ich sah den Freund, er schritt ums Haus im Kreise;
Auf seiner Laute schlug er eine Weise.
Mit feuergleichem Schlag ein süßes Lied
Spielt' er, vom Wein der Nacht berauscht, durchglüht.
Er rief mit seinem Lied den Schenken fein.
Der Schenk war Vorwand ihm: Er wollte Wein.
Der holde Schenk trug auf seine Bitte
Den Weinkrug aus dem Winkel in die Mitte.
Er füllt' das erste Glas mit Wein, der glühte –
Sahst je du, dass ins Wasser Feuer sprühte?
Des Freundes wegen reicht' von Hand zu Hand
Den Wein er, kniete, küsst' der Schwelle Rand.
Der Freund nahm's Glas und trank des Weines Licht:
Die Flammen liefen über sein Gesicht.
Er sprach zum Bösen Blick, als er sich sah:
»Mir gleich wird keiner sein, noch war je da!
Die Weltensonn', der Liebenden Geliebter:
Vor mir ist unruhvoll das Herz Verliebter!«

~

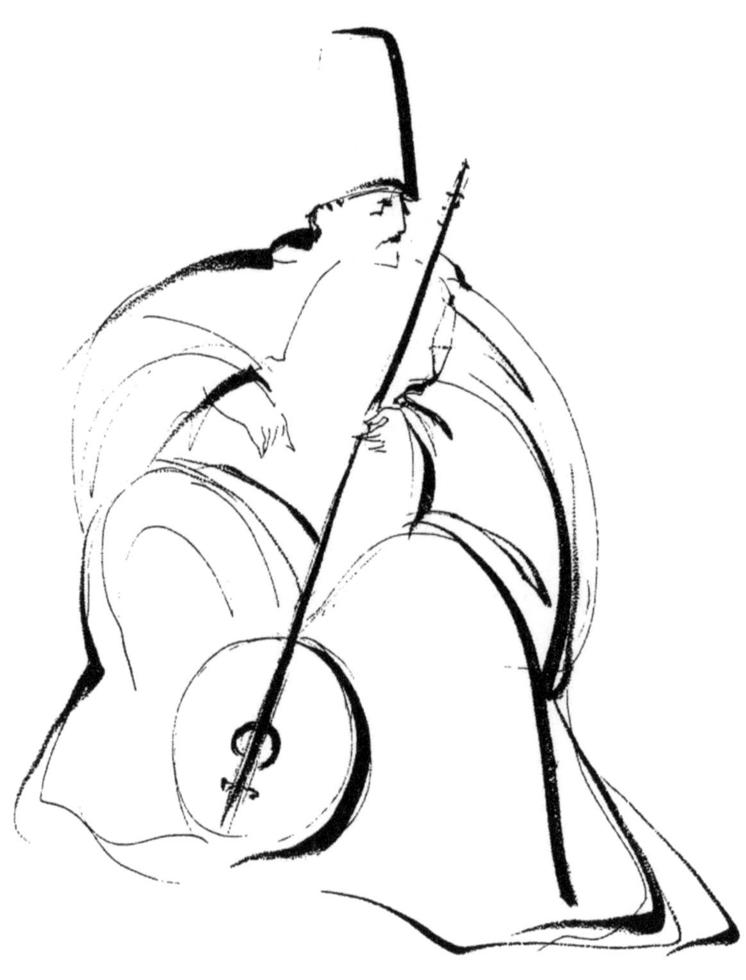

Komm, komm, du bist die Seele
 der Seele hier des Reigens!
Komm, wandelnde Zypresse,
 du Gartenzier des Reigens!
Komm, keiner ist gewesen
 noch wird je sein wie du!
Komm, niemals sah'n die Augen
 etwas gleich dir des Reigens!
Komm, unter deinem Schatten
 liegt tief der Sonne Quell,
Bringst tausend Venussterne
 am Himmel mir des Reigens!
Mit hundert Zungen dankt dir
 der Reigen ja beredt –
Lass mich zwei Worte lesen
 nun vom Papier des Reigens!
Du lässt die beiden Welten,
 trittst in den Reigen du,
Denn jenseits beider Welten
 die Welt ist hier des Reigens.
Mag auch das Dach sehr hoch sein
 – des siebten Himmels Dach,
Doch höher reicht die Leiter
 aus dem Revier des Reigens.
Nun stampfet mit den Füßen
 auf alles außer Ihm –

Denn euer ist der Reigen,
   denn jetzt seid ihr des Reigens!
Wenn Liebe mich am Hals packt,
   was mache ich denn dann?
Eng zieh' ich an die Brust sie
   im Kreisen hier des Reigens!
Und wenn die Sonne füllet
   der Sonnenstäubchen Schoß,
Dann treten sie ganz klaglos
   unters Panier des Reigens!

~

Dein Angesicht ist Frühling, immer lächelnd,
Wie wunderbar, mein Schönster, immer lächelnd!
Ich sehe, Liebster, dich im ew'gen Garten
Am Zweige hoch, Granatapfel, stets lächelnd.
Trenn dich von mir auch nicht ein Augenblickchen,
Mein Freund mit Wangen schön und immer lächelnd!
Der Seele Stadt, wüst ist sie ohne dich ja,
Du Chosrau* und du Herzog, immer lächelnd!
Und hundert Rosen rot, in dich Verliebte,
Steh'n an den Quellen und im Hage lächelnd.
Dein Traumbild ist im Walde meines Herzens
Ein Löwe, der die Beute schlägt stets lächelnd.
Von allen Seiten kommst du täglich näher,
So wie das Glück, du, rastlos, immer lächelnd!
Die Attribute Schamseddins – ein Meer ist's,
Gefüllt mit edlen Perlen immer lächelnd!

* Chosrau: der Sassanidenfürst Fürst Parwez, der die schöne Prinzessin Schirin liebte; auch allgemein: »mächtiger Fürst«.

Glücklich die Zeit, da wir im Schlosse weilen,
wir: du und ich.
Wohl ist der Leib, die Seele nicht, zu teilen:
wir: du und ich.
Des Gartens Farbe und der Hauch der Vögel
wird Lebensquell
In jener Zeit, da wir zum Garten eilen,
wir: du und ich.
Vom Himmel kommt die Sternenschar, zu schauen
auf dich und mich;
Wir zeigen ihr den Mond selbst ohn' Verweilen,
wir: du und ich.
Ohn' »ich« und »du«, so werden in Verzückung
wir dann vereint,
Sehr froh, und frei von wirrer Rede Zeilen,
wir: du und ich.
Des Himmels Papageien kauen Zucker
und reden süß*
Dort, wo so selig lachend wir verweilen,
wir: du und ich.
Das Wunder ist, dass wir, in einem Winkel
hier hold vereint,
Zugleich getrennt sind viele tausend Meilen,
wir: du und ich.

* Papageien gelten im Orient als »zuckerkauend«, das heißt: süß redend.

Der Gottesmann ist trunken ohne Wein,
Der Gottesmann wird satt ohn' Speise sein.
Der Gottesmann ist stets verzückt, verwirrt,
Dem Gottesmann ist Schlaf und Hunger Schein.
Der Gottesmann ist in der Kutte Schah;
Der Gottesmann ist Schatz in Schutt und Stein.
Der Gottesmann ist nicht aus Wind noch Staub,
Der Gottesmann ist nicht aus Feuerschein.
Der Gottesmann ist unbegrenztes Meer,
Der Gottesmann schenkt Perlen von allein.
Der Gottesmann hat hundert Mond' und Stern'.
Der Gottesmann hat hundert Sonnen rein.
Der Gottesmann ward wissend nur durch Gott,
Der Gottesmann weiß nicht aus Bücherei'n.
Der Gottesmann ist jenseits Sünd' und Recht,
Dem Gottesmann ist Glaub' und Unglaub' klein.
Der Gottesmann, er ritt vom Nichtsein fort,
Der Gottesmann zieht hoch zu Ross nun ein.
Der Gottesmann ist, Schamseddin, versteckt –
Den Gottesmann such du und find' ihn fein.

~

»Es lebt«, sprach man, »Meister Sanā'ī* nicht mehr!«
Der Tod eines solchen Meisters wiegt schwer!
Er war keine Spreu, die der Wind leicht entführt,
Ein Wasser nicht, das in der Kälte gefriert.
Er war kein Kamm, der im Haar zerbricht,
Ein Korn, das die Erde zerdrückt, war er nicht.
Ein Goldschatz war er, verborgen im Sand,
Weil er die zwei Welten als Körnlein erkannt.
Er warf alle irdische Form erdenwärts,
Zum Himmel empor trug er Seele und Herz.
Vermischt mit der Hefe stieg aufwärts der Wein;
Dann trennten sich beide: Der Trank wurde rein.
Die höhere Seele, die's Volk nicht erkannt –
Ich schwöre, die gab er dem Freund in die Hand!
Die Reise vereint alle Menschen der Welt,
Aus Merw und aus Rey,** aus dem kurdischen Zelt.
Ins eigene Haus kehrt ein jeder zurück,
Gesellt sich doch Taft nicht zum härenen Stück.
Weil Er deinen Namen jetzt auslöschen will
Im Buche des Sprechens, mein Freund, schweige still!

~

* Sanā'ī (gest. 1131) war der erste persische religiöse Dichter, der ein *masnawī* (Gedicht in reimenden Doppelversen) über ethische und asketische Themen schrieb: den *Ḥadīqat al-ḥaqīqa,* »Garten der Wahrheit«. Sein Werk beeinflusste Rūmī tief.

** Merw war im Altertum eine Oasenstadt im Südosten des heutigen Turkmenistan in Zentralasien; Rey ist der südliche Teil des heutigen Teheran. »Merw und Rey« bezeichnet zwei voneinander weit getrennte Gebiete.

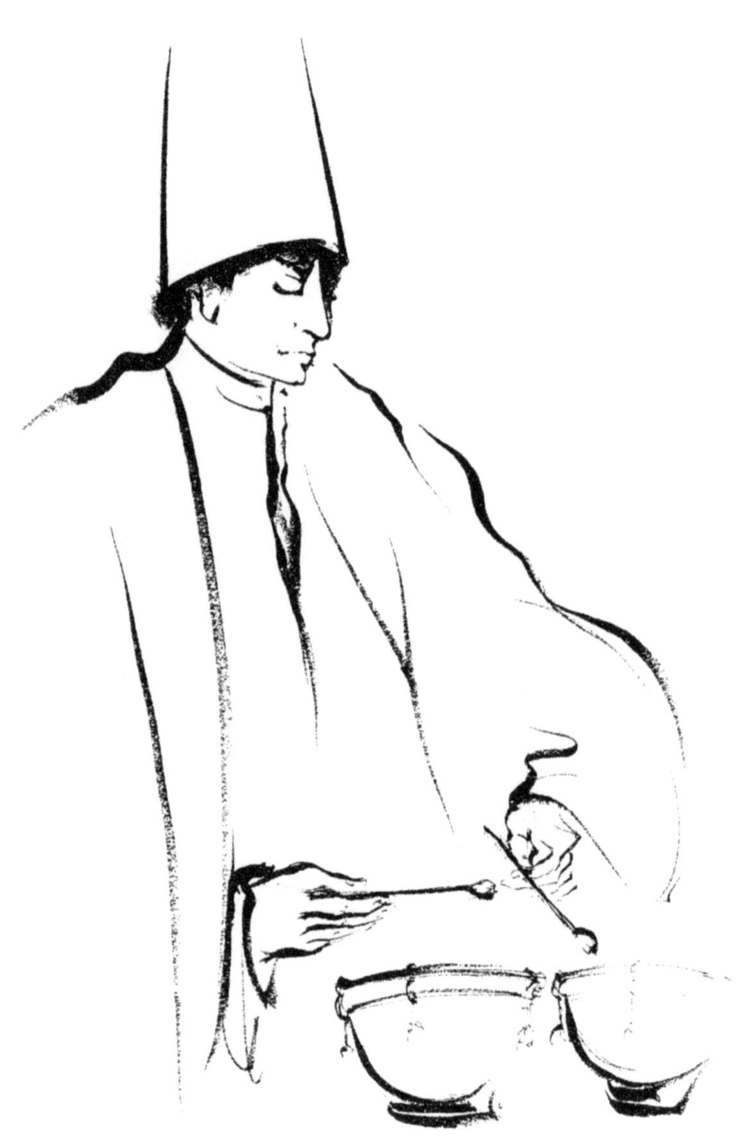

Am Himmel erschien mir ein Mond
in dämmernden Morgenzeiten;
Vom Himmel kam er herab
und starrte auf mich, den Geweihten.
Ein Falke, der während der Jagd
den Vogel ergreift und ihn fortträgt –
So trug er mich aus mir hinweg,
um über den Himmel zu gleiten.
Als ich auf mich selber nun sah,
da war ich mir selber nicht sichtbar,
Denn in diesem Mond ward mein Leib
der Seele gleich, der befreiten.
Als ich in der Seele so flog,
sah außer dem Mond ich nichts weiter;
Bis mir das Geheimnis ward kund
erstrahlender Ewigkeiten.
Es kamen in diesen Mond
hinab die neun Sphären des Himmels,
Das Schiff meiner Existenz
versank in des Ozeans Weiten.
Das Meer schlug Wellen, und sieh,
die Weisheit enttauchte den Wogen
Und warf eine Stimme empor –
so war's und geschah's ohne Zeiten.
Es schäumte das wogende Meer:
In jeder schaumigen Flocke

Ward sichtbar jemandes Bild,
um sich zur Gestalt auszubreiten,
Und jeglicher Schaumflockenleib,
der Zeichen empfing aus dem Meere,
Zerschmolz diesem Winke gemäß,
ließ sich in das Meer wieder gleiten.
Doch ohne die herrliche Macht
von Schamseddin, ihm sonnengleich,
Erblickte man nie diesen Mond
und konnte zum Meer sich nicht weiten.

~

Wie sollte die Seele nicht fliegen,
wenn aus Seiner Nähe es singt
Und lieblich der Spruch Seiner Gnade:
»Erhebe dich!« vor ihr erklingt?
Wie sollte der Fisch sich nicht stürzen
vom Trocknen ins leuchtende Meer,
Wenn lockend die Stimme der Welle
zu ihm aus dem Ozean dringt?
Wie sollte der Falke zum König
nicht eilen geschwind von der Jagd,
Sobald ihm die Trommel des Herrschers
den Ruf »Kehr zurück zu Mir!« bringt?
Wie sollte – atomgleich – der Sufi
nicht drehen sich trunken im Tanz,
Im Lichte der Sonne des Bleibens
wo ewiges Bleiben ihm winkt?
Welch Schönheit und Güte und Freude
und Seelenschenken und Glück!
Oh Qual und Irrtum für einen,
der ohne diese versinkt!
Nun fliege, nun fliege, du Vogel
zu deinem ureigenen Platz,
Vom Käfig bist du befreiet,
gebreitet dein Federkleid blinkt!
So reise vom brackigen Wasser
zum Lebenswasser geschwind,

Sorg', dass deine Seele vom Staube
  zum Hochsitz wieder sich schwingt!
Oh gehe, gehe, oh Seele,
  und flieh aus der Welt voller Leid
In jene, wo man den Becher
  des ewigen Einswerdens trinkt!
Auf dieser staubhaften Erde,
  wie lange bleiben wir noch
Dem Kinde gleich, das im Rocksaum
  Staub, Steine und Scherben nur bringt?
Zurück zieht die Hände vom Staub jetzt,
  lasst fliegen zum Himmel uns jetzt!
Wir fliehen von törichter Kindheit
  dorthin, wo der Reife nur trinkt.
Man rief: »Geh, Seele, und künde,
  dass du allein Herrscher hier bist,
Da dich ja die Gnade der Antwort,
  das Wissen der Frage durchdringt.«

~

Der Körper wird nicht von der Seele verhüllt,
die Seele nicht vom Körper, doch niemand darf die Seele sehen
Masnawī, I 8

تن ز جان و جان ز تن مستور نیست
لیک کس را دید جان دستور نیست

Wenn sich ein Baum bewegte
  mit Wurzel und Blätterkleid,
Spürt' er nicht Schmerzen der Axt,
  noch tät' ihm die Säge ein Leid.
Ginge die Sonne nicht von uns
  nächtlich in eiligem Flug –
Sage, wie würde die Erde
  erleuchtet zur Morgenzeit?
Stiege das salzige Wasser
  nicht himmelaufwärts vom Meer,
Wie würden Gärten belebet
  durch Bäche und Regenzeit?
Sieh, wenn zur früheren Heimat
  ein Tropfen wiederum kommt,
Wird er in einer Muschel
  zur köstlichen Perle geweiht.
Josef erlangte auf Reisen
  kostbare Schätze und Glück –
Hatt' er beim Abschied vom Vater
  geweint nicht voll Traurigkeit?
Ging Mustafa nicht zur Reise
  nach Jathrib* und fand er nicht dort

* Mustafa: ein Beiname des Propheten Mohammed. Jathrib: der alte Name der Stadt Medina (*Madīnat an-nabī,* Stadt des Propheten), wohin er 622 von Mekka auswanderte. Durch das Verlassen der Heimat wurde er zum politischen Führer.

Schätze und wurde zum König
  von Hunderten Ländern weit?
Und fehlt dir der Fuß zur Reise,
  so wähle den Weg in dich selbst,
Nimm auf, dem Rubinschachte gleichend,
  in dich alle Strahlen der Zeit.
Reise, oh Freund, aus dir selber
  und in dein eigenes Herz!
Solch' Reise verwandelt das Staubkorn
  in goldene Herrlichkeit.
Nun lass das Bittre und Saure
  und wandle zur Süßigkeit,
Es hält ja doch auch viele Früchte
  die Salzmarsch, die harsche, bereit!
Die Sonne ist es von Täbris,
  die solche Wunder tut –
Denn jeder Baum wird dann fruchtbar,
  sobald ihn die Sonne geweiht.

~

Er sprach: »Wer klopfte an die Tür?«
»Dein Diener Dir zu Füßen!«
Er sprach: »Und was ist dein Begehr?«
Ich sprach: »Dich, Herr, zu grüßen.«
Er sprach: »Wie lange treibst du noch?«
Ich sagte: »Bis Du rufest.«
Er sprach: »Wie lange glühst du noch?«
»Bis aufersteh'n wir müssen!«
Ich klag' die Liebe bitter an,
ich leiste alle Eide,
Dass für die Minne allen Ruhm
und Größe ich verlassen!
Er sprach zu mir: »Der Richter wünscht
ein Zeugnis für die Klage!«
»Der Wange Blässe ist Beweis,
ein Zeugnis meine Tränen!«
Er sprach: »Das Zeugnis ist nicht recht,
voll Makel ist dein Auge!«
Ich sprach: »In Deiner Gnade Glanz
ist es gerecht und sündlos!«
Er sprach: »Sag an, was'ist dein Ziel?«
Ich sagte: »Treue Freundschaft!«
Er sprach: »Was wünschst von Mir du viel?«
Ich sagte: »Deine Güte!«
Er sprach: »Wer führte dich zu Mir?«
»Der Traum von Dir, oh König!«

Er sprach: »Und wer rief dich nach hier?«
  »Die Düfte Deines Bechers!«
Er sprach: »Wo ist der beste Ort?«
  Ich sprach: »Im Schloss des Kaisers!«
Er sagte: »Und was sahst du dort?«
  Ich sagte: »Hundert Wunder!«
Er sprach: »Und warum ist es leer?«
  Ich sprach: »Aus Furcht vor Räubern!«
Er sprach: »Wer ist der Räuber denn?«
  Ich sagte: »Herr, der Tadel!«
Er sprach: »Wo liegt die Sicherheit?«
  »In Gottesfurcht und Weltflucht!«
Er sprach: »Was ist Enthaltsamkeit?«
  Ich sprach: »Der Weg des Heiles!«
»Und wo ist Unglück und Gefahr?«
  »Im Winkel Deiner Liebe.«
Er sprach: »Du lebst dort ganz und gar?«
  Ich sprach: »Ich bin beständig.«
Ich habe oftmals dich geprüft,
  doch war mir's nicht von Nutzen:
Wer den Geprüften lange prüft,
  wird bitter es bereuen!
Still! Wenn ich sagte, was Er sprach,
  die mystisch-feinen Worte:
Dann gingst du aus dir selbst heraus,
  nicht Dach hielt' dich, nicht Pforte!

~

Ergreife den Saum Seiner Gnade,
weil Er dir im Nu entflieht,
Doch spann ihn nicht straff gleich dem Pfeile,
weil Er dir vom Bogen entflieht!
Sieh, was für Formen Er annimmt
und was für Spiele Er kennt:
Er zeigt Sich dir in Gestalten,
indes Er der Seele entflieht.
Du suchst Ihn in Seinem Himmel,
da glänzet Er mondgleich im Meer;
Du stürzt dich voll Sehnsucht ins Wasser,
indes Er zum Himmel entflieht.
Du suchst Ihn da, wo kein Ort ist,
da weist Er dir Seinen Ort;
Du suchst Ihn darauf am Orte,
zum Ortlosen Er gleich entflieht.
Wie Pfeile fliegen vom Bogen;
wie Vögel des Denkens auch –
So wisse sicher: Vom Zweifel
der Absolute entflieht!
»Ich fliehe von diesem und jenem
aus Überdruss nicht, nein, aus Furcht,
Dass einmal von diesem und jenem
der Hauch Meiner Schönheit entflieht.
Dem Winde gleich bin Ich flüchtig,
die Rose lieb' Ich wie er,

Doch sieh, wie aus Furcht vor dem Winter
  die Rose dem Garten entflieht!«
Und ebenso flieht auch Sein Name,
  sobald du ihn aussprechen willst,
Damit du nicht eilest zu sagen:
  »Seht her, solch einer entflieht!«,
So flieht Er, und willst Du Ihn malen,
  mit Linien begrenzen die Form,
So fliegt dir das Bild von der Tafel,
  das Zeichen vom Herzen entflieht.

Am Ende bist du entschwunden
 und ins Verborg'ne gegangen –
Oh Wunder, auf welchem Wege
 bist du aus der Welt gegangen?
Du hast deine Schwingen gerühret
 und deinen Käfig zerbrochen –
Und bist, in die Lüfte dich hebend,
 den Weg der Seele gegangen.
Du warst ein kostbarer Jagdfalk,
 bei einer Alten gefangen –
Du hörtest die Falkentrommel
 und bist zum Nicht-Ort gegangen.
Die trunkene Nachtigall warst du
 im Kreise der krächzenden Eulen;
Vom Rosenhag kamen die Düfte,
 da bist du zum Garten gegangen.
Die Hefe des irdischen Weines
 war bitter und machte dir Kopfschmerz,
So bist du zuletzt voller Sehnsucht
 ins ewige Weinhaus gegangen.
Die Welt gab dir viel falsche Zeichen,
 dem tückischen Geist zu vergleichen,
Du bist, alle Zeichen verlassend,
 zum Zeichenlosen gegangen.
Was brauchst du noch eine Krone?
 Du bist ja zur Sonne geworden!

Was forderst du noch einen Gürtel?
  Du bist aus der Mitte gegangen!
Ich hörte, die Augen gewendet,
  du blicktest zur irdischen Seele.
Was blickst du? Denn du bist ja selber
  zur Seele der Seele gegangen!
Du bist eine mutige Rose!
  Die Rose entflieht sonst dem Herbste,
Doch du bist beim Nahen des Herbstwinds
  ja kriechend zum Herbste gegangen.
So wie vom Himmel der Regen,
  die staubige Erde zu tränken,
Herabrinnt von allen Seiten,
  bist du durch die Rinne gegangen.
Sei still nun vom schmerzvollen Sprechen
  und Reden, doch schlafe nicht!
Du bist in den Schutz eines Freundes,
  Der liebend dich hütet, gegangen.

~

Wenn sie am Tage des Todes
  den Sarg in die Erde tief senken,
Dass mein Herz dann noch auf Erden
  weilete, darfst du nicht denken.
Weine dann nicht meinetwegen,
  rufe nicht: »Trauer, oh Trauer!«
Du fällst dem Teufel zum Opfer –
  Glaub' mir, das ist Grund zur Trauer!
Wenn du den Leichenzug siehst,
  lass das Wort »bitt're Trennung« nicht hören,
Weil holdes Treffen und Finden
  zu dieser Zeit mir ganz gehören.
Klage nicht »Abschied, ach Abschied!«,
  wenn man ins Grab mich geleitet –
Ist mir doch selige Ankunft
  hinter dem Vorhang bereitet!
Hast du das Sinken gesehen,
  sieh auf das Auferstehen!
Schadet es denn, wenn die Sonne
  und Sterne und Mond untergehen?
Scheinen sie dir auch zu sinken,
  ist es doch wahrhaft ein Aufgang;
Scheint dir ein Kerker das Grab auch,
  ist's doch zur Freiheit ein Ausgang!
Fiel je ein Korn in die Erde,
  das sich nicht köstlich entfaltet?

Glaubst du denn, dass sich das Korn,
  das die Menschen sind, anders gestaltet?
Jeglichen Eimer, der sinket,
  hebst du gefüllt aus der Quelle –
Sieh, auch dem Josef der Seele
  strahlt in der Grube die Helle!
Schließe den Mund jetzt im Diesseits,
  öffne im Jenseits ihn wieder,
Dass in der Welt, wo kein Ort ist,
  töne dein Ruf, deine Lieder!

Oh Tag des Glücks, wenn vor Dir, Du mein König,
ich sterben werde,
Vor Deinem Zuckerschatz wie Zucker schmelzend
ich sterben werde!
Denn hundert Zentifolien* werden wachsen
aus meinem Staube,
Wenn unter der Zypresse holdem Schatten
ich sterben werde.
Wenn Du ins Glas den bitt'ren Trank des Todes
eingießen wirst,
Küss' ich den Becher, weil berauscht und fröhlich
ich sterben werde.
Ich mag wie Laub im Herbst goldblass werden,
spricht man vom Tode –
lacht mir Dein Mund, sieh, wie dem Lenz gleich lächelnd
ich sterben werde!
Ich starb schon oft, so oft, jedoch Dein Odem
belebt' mich wieder,
Und stürb' ich hundert Mal – das ist die Art,
wie ich sterben werde.
Ich bin ein Kind, das in dem Schoß der Mutter
ganz sanft entschläft,
Weil in dem Schoß der Gnade, der Vergebung,
ich sterben werde.

* Eine Rosenart mit gefüllten Blüten.

Sag an: Wo gäb' es Tod für die, so lieben?
  Das geht nicht an!
Weil in dem Quell, dem Quell des Lebenswassers,
  ich sterben werde!

~

Lern' diese Alchimie vom Gottgesandten:
Begnüge dich mit dem, was Er dir gibt;
Und wenn der Bote »Kummer« in dein Haus kommt,
Umarme ihn wie einen alten Freund!

Wenn aus meinem Staube Weizen sprießt –
Bäckst du Brot draus, wächst die Trunkenheit!
Teig und Bäcker werden ganz besessen,
Und der Ofen singt berauschte Verse.
Kommst du, meine Grabstatt zu besuchen,
Scheint vor dir der Dachfirst selbst zu tanzen!
Komm zu meinem Grab nicht ohne Trommel,
Denn bei Gottes Fest ziemt sich kein Kummer!
Ich bin Rausch, der Liebeswein mein Ursprung –
Sag, was außer Rausch kann von mir kommen?

Ein Sorgennetz aus Speichel, spinnengleich,
Web' nicht, da Kett' und Einschlag wertlos sind!
Geh, gib die Sorgen Ihm, Der dir sie gab,
Auf Ihn sieh, Der den Kummer dir zerstreut!
Wenn du nicht sprichst, so wird dein Wort Sein Wort;
Wenn du nicht webst, so wird der Weber Er.

Und wenn Er alle Wege und Pässe vor dir schließt,
Zeigt einen Weg, geheim, Er, den niemand noch gekannt!

~

Weiterführende Literatur

Burckhardt, Titus: *Sufismus – Einführung in eine Sprache der Mystik.* Xanten: Chalice Verlag, 2018.

Feild, Reshad: *Dem Morgen entgegendrehen.* Filmaufzeichnung einer Zeremonie der »drehenden Derwische« von 1989 in Zürich mit der Lesung von Gedichten Dschalāl ad-Dīn Rūmīs: www.chalice-verlag.com/rumi-video

Feild, Reshad: *Die letzte Schranke – Ich ging den Weg des Derwischs.* Xanten: Chalice Verlag, 2014.

Rūmī: *Jemand, der Durst hat, sucht auch im Juli Schnee: Gedichte aus dem Dīwān-i Kabīr.* Herausgegeben von Birgit Kunz und Tülin Özgür, Zürich 2017.

Rūmī: *Das Masnavī.* Ausgabe in sechs Bänden. Aus dem Persischen von Bernhard Meyer, Kaveh und Jilla Dalir Azar. Herrliberg: Edition Shershir, 2012.

Rūmī: *Rubāʿīyāt-é. [Die Vierzeiler].* Übertragen ins Deutsche von Peter Finckh. Herrliberg: Edition Shershir, 2015.

Rūmī: *Von allem und vom Einen. [Fīhi mā fīhi].* Aus dem Persischen und dem Arabischen von Annemarie Schimmel. München: Diederichs, 1988.

Rūmī & Coleman Barks, Reshad Feild, Andrea Helesfai: *Where Everything Is Music.* 14 Gedichte von Rūmī in der Übersetzung von Coleman Barks, rezitiert von Reshad Feild und begleitet von der extemporierten Violinmusik von Andrea Helesfai. Chalice Verlag 2006.

Schimmel, Annemarie: *Ḥallādsch – »Oh Leute, rettet mich vor Gott«,* Xanten: Chalice Verlag, 2017.

Schimmel, Annemarie: *Jesus und Maria in der islamischen Mystik,* Xanten: Chalice Verlag, 2018.

Schimmel, Annemarie: *Rūmī – »Ich bin Wind und du bist Feuer«. Leben und Werk des großen Mystikers,* Xanten: Chalice Verlag, 2018.

Der Chalice Verlag widmet sich
der Publikation von wertvollen Texten
aus verschiedenen spirituellen Traditionen

Unser gesamtes aktuelles Verlagsprogramm sowie
weiterführende Textbeiträge, Audioaufnahmen und Videos
finden Sie auf unserer Webseite

www.chalice-verlag.com

Wie Sie unsere Arbeit unterstützen können

Gute Bücher mit anspruchsvoller Literatur zu machen,
ist heutzutage ein steiniges Unterfangen, besonders
für kleine Verlage, die knappe finanzielle Mittel
mit umso mehr Herzblut wettmachen müssen.
Wir sind ein nicht-profitorientierter Kleinverlag,
arbeiten für weniger als ein Taschengeld und reinvestieren
alle unsere Erträge in neue Buchprojekte.

Wenn Sie den Chalice Verlag unterstützen möchten,
freuen wir uns natürlich über jeden Kauf und
jede Weiterempfehlung der von uns verlegten Bücher.
Auch falls Sie uns eine Spende zukommen lassen möchten,
die uns neue Buchprojekte ermöglichen hilft und
unsere Verlagsarbeit fördert, danken wir Ihnen von Herzen.

Unsere Bankverbindung:
Iban-Nr. DE89 3545 0000 1150 0050 54 · Bic WELADED1MOR

Unser PayPal-Konto: kontakt@chalice-verlag.com

Chalice Verlag

»Komm, komm, wer immer du bist...« Das Lebenswerk von Dschalāl ad-Dīn Rūmī (1207–1273), des wohl bekanntesten Vertreters des Sufismus und, neben Hafis, bedeutendsten Dichters persischer Sprache, ist eine Verstand und Herz ergreifende Einladung, die vielfarbige Schönheit und spirituelle Tiefe der islamischen Mystik kennenzulernen. Ob in seinem berühmten Lehrgedicht *Masnawī,* in seinen philosophisch-theosophischen Prosaschriften oder in der auf ihn zurückgehenden Drehtanz-Zeremonie der Mevlevi-Derwische – Rūmīs unerschöpfliche Kreativität ist ein permanentes Umkreisen des Geheimnisses von Gott, dem Geliebten und der Liebe. Wie nachhaltig sein Wirken konfessionelle Schranken und kulturelle Epochen überwand, demonstrieren die Tausenden von Trauernden aus allen Religionsgemeinschaften, die bei der Beisetzung im türkischen Konya an seinem Sarg vorüberzogen, wie auch die Tatsache, dass er noch heute als einer der meistgelesenen Poeten in den Vereinigten Staaten gilt. In dieser exzellenten Biografie zeichnet die renommierte Sufismus-Kennerin ein überzeugendes Bild von Leben und Werk des großen Mystikers und seiner historischen, politischen, kulturellen und theologischen Hintergründe. Sie lässt uns eintauchen in seine Liebes- und Glaubenseinsichten, die sie mit einer exquisiten Auswahl seiner wundervollen Texte illustriert. Entzückt lauschen wir Rūmīs Sehnsuchtsmelodien nach der Einheit und lassen uns in den Bann seiner Gottesfreude ziehen.

ISBN 978-3-942914-19-2
228 Seiten

Seit seiner Hinrichtung durch religiöse Fanatiker in Bagdad im Jahr 922 haben Botschaft und Schicksal des persischen Sufis Manṣūr al-Ḥallādsch nicht aufgehört, die Menschen zu bewegen. Bis in unsere Zeit lauschen Erkenntnissucher, die den Irrweg der Trennung verlassen wollen, seinen ergreifenden Bezeugungen der Einheit Gottes, seinem sehnsüchtigen Rufen nach Vereinigung mit diesem *einen einzigen* Geliebten und dem aufweckenden Klang seiner teils provozierenden Forderungen nach radikaler Verinnerlichung des Glaubens. Auch wenn seine oft rätselhaften Gedichtzeilen, wie »mein Tod ist in der Religion des Kreuzes«, von der modernen Islamforschung nicht länger als versteckte Bekenntnisse zum Christentum interpretiert werden, zeugen sie von der Tiefe einer mystischen Erfahrung, welche die ›religiöse Korrektheit‹ der doktrinären Intoleranz aller Zeiten durchbricht. Für seine berühmte Aussage *ana'l-Ḥaqq* (»Ich bin die schöpferische Wahrheit«) und seine Überzeugungen, wie etwa ein gutes Werk sei wichtiger als die Pilgerfahrt, wurde Ḥallādsch vom frömmlerischen Establishment als Gotteslästerer verurteilt – während doch jeder seiner Verse von seiner aufrichtigen Gottesliebe spricht, in deren Ekstase die Getrenntheit von Ich und Du zwischen Wirklichkeit und Wahrheit verwischt. Die weltbekannte Orientalistin Annemarie Schimmel präsentiert hier die schönsten Texte des Mystikers und Märtyrers sowie eine kenntnisreiche Darstellung seines Lebens und Denkens.

ISBN 978-3-942914-18-5
176 Seiten

Der erste Teil der autobiografischen Trilogie von Reshad Feild: ein echter Klassiker der modernen spirituellen Literatur und eines der großen Selbstzeugnisse mystischer Sinnsuche, das in den vergangenen vierzig Jahren weltweit Hunderttausende von Lesern beeindruckt hat.

In dieser packend erzählten Geschichte begleiten wir einen jungen Engländer auf seiner abenteuerlichen Suche nach der wirklichen Bedeutung des Lebens und den allerletzten Wahrheiten. Unter der Führung des geheimnisvollen Antiquitätenhändlers Hamid, der sich im Laufe dieses ›metaphysischen Roadmovies‹ als ein strenger spiritueller Lehrer entpuppt, entwickelt sich Reshads Interesse an den Derwischen des Nahen Ostens zu einer äußeren wie inneren Entdeckungsreise zu heiligen Stätten, weisen Menschen und tiefen Einsichten in die Wirklichkeit der Welt. Unter härtesten Prüfungen, die sein westliches Denken erschüttern, wird er in die inneren Lehren des Sufismus eingeführt und mit den Geheimnissen des Atems, der spirituellen Bedeutung der Jungfrau Maria und den gemeinsamen Wurzeln der jüdischen, christlichen und islamischen Traditionen vertraut gemacht. Schritt für Schritt beginnt er, die Heiligkeit allen Lebens zu verstehen, und erfährt die Liebe als die Erste Ursache der Schöpfung, bevor ihm schließlich die Erkenntnis der Einheit des Seins gewährt wird.

»Eine eloquente Orchestrierung, die von sehr hoher Kreativität zeugt« (*The Times*). »Wenn Sie sich für die Weisheit dieses Buches öffnen, wird es Ihr Leben verändern« (Ellen Burstyn).

ISBN 978-3-942914-11-6
216 Seiten

Sex ist eine der machtvollsten Kräfte in unserem Leben, und doch vermögen nur die wenigsten Menschen, ihn ganzheitlich zu betrachten. Weit über Fortpflanzung und Vergnügen hinaus kommt ihm besondere Bedeutung für die spirituelle Transformation des Menschen zu. Suchenden, denen sich zu diesem Thema schwierige Fragen stellen, bietet dieses Buch neue Denkanstöße und überraschende Blickwinkel auf eines der größten Wunder und tiefsten Rätsel der Schöpfung. In den hier zusammengestellten Auszügen aus seinen Vorträgen behandelt der Naturwissenschaftler, Philosoph und spirituelle Lehrer Bennett Themen wie den Ursprung der Sexualität, ihr Verhältnis zur Liebe, die Bedeutung des Geschlechtsakts, die komplementären Rollen von Mann, Frau und Kind, Ehe und Partnerschaft, Fortpflanzung, Elternschaft, Kreativität, »negativen Sex« sowie psychologische und gesellschaftliche Aspekte.

»Die innere Spaltung des Menschen ist die Trennung seiner geistigen und materiellen Hälften. Sie führt zur Unzufriedenheit und Suche, die seine Transformation erst ermöglichen. Die wirkliche Freude am Sex liegt weder in gedanklicher Stimulation noch in emotionaler Erregung, sondern in verbesserter Klarheit, Kraft und Stärke der Erfahrung auf allen Ebenen. Im Geschlechtsakt können wir wahrhaft wir selbst sein, und dies sollte uns in Sachen Sex sehr feinfühlig machen.«

ISBN 978-3-942914-06-2
120 Seiten

Im spirituellen Schrifttum des Islams stellt die *Abhandlung über die Liebe* einen Höhepunkt dar; sie ist im Ganzen wie im Detail ein vollendetes Meisterwerk. Alles, was vor Ibn ʿArabī zu diesem, insbesondere für das esoterische Verständnis des Korans so zentralen Thema gesagt wurde, fasst der »Größte Meister« hier zusammen, geht aber noch weit darüber hinaus. Kein spiritueller Lehrer hat seither derart wirklichkeitsgetreue, ursprüngliche, tiefgründige und vollständige Sichtweisen auf das Wesen und die Essenz der Liebe dargestellt.

In dem hier zum ersten Mal auf Deutsch vorliegenden Kapitel 178 seiner umfangreichen *Mekkanischen Eröffnungen* beleuchtet der »Lehrer der Sufis« alle Formen der Liebe, die natürliche oder physische, die spirituelle und die Göttliche. Die falsche, im Westen – heutzutage wie auch in der Vergangenheit – verbreitete Meinung, der Islam sei lediglich eine Religion der Strenge und formaler Vorschriften, in der Göttliche Transzendenz alles derart aufsauge, dass ein menschliches Wesen nicht einmal mehr an der Liebe teilhaben könne, wird hier mit großer Einblickskraft in die tiefsten Zusammenhänge und in poetischer Sprache richtiggestellt.

ISBN 978-3-905272-74-1
280 Seiten

Das innere Leben von Kindern und Jugendlichen ist für die meisten Erwachsenen zu einem Rätsel geworden, nachdem sie die Sprache der Kindheit verlernt haben. Wie können wir diese kostbare Innenwelt von Heranwachsenden nähren und heilen angesichts der schlechten Einflüsse einer Gesellschaft, die sich rein materiellen Werten verschrieben hat und Geist und Seele vernachlässigt? Dieses einzigartige Buch gibt viele praktische, intelligente und überraschende Impulse dazu, wie wir schädliche Erziehungsmethoden maßvoll korrigieren und unsere Kinder und Teenager ermutigen können, eigenständig zu denken und sich angstfrei und emotional ausgeglichen zu entwickeln. Das kann aber nur geschehen, wenn wir Erwachsenen bereit sind, uns selbst zu verändern und gemeinsam mit unseren Kindern »größer zu werden«. Lillian Firestone beschreibt hier einfühlsam, selbstkritisch, humorvoll und höchst unterhaltsam, wie wir gemäß den weisen Ratschlägen des genialen Lebenslehrers Georges I. Gurdjieff ein Umfeld schaffen können, in dem Kinder mit Freude lernen, kreativ und mutig zu sein, Verantwortung zu übernehmen, gesunden Menschenverstand (das heißt einen klugen Kopf *und* ein kluges Herz) zu entwickeln und sich ihre Neugier, ihre Abenteuerlust und ihre Achtsamkeit gegenüber dem Wunder des Lebens zu bewahren. Eine inspirierende und ermutigende Lektüre für alle, die das Staunen, Lernen und Wachsen nicht allein den Kindern überlassen wollen.

ISBN 978-3-942914-37-6
224 Seiten · 21 Abbildungen

Guter Geschmack will gelernt sein: *Le bon-goût s'apprend.* Das gilt insbesondere für das spirituelle Schmecken der Einheit des Seins. In dieser einzigartigen Anthologie beschreiben liebestrunkene Sufis, wahrheitshungrige Gnostiker, erkenntnisdurstige Geisterseher und verschmitzt-weise Skandalgurus, hingebungsvolle Brotbäcker, humorbegnadete Geschichtenerzähler, ägäisverzauberte Lebensreisende und extremfastende Meisterspione Möglichkeiten und Wege, das Feine vom Groben zu unterscheiden, das Obere mit dem Unteren zu verbinden und so die scheinbare Trennlinie zwischen dem Körperlichen und dem Spirituellen zu überwinden. Wenn wir die ›Küchenarbeit an uns selbst‹ in der richtigen, nämlich dienenden Haltung angehen, kultivieren wir in uns diesen guten, feinen Geschmack für die Nähe Gottes. Bewusstes Kochen und Gekochtwerden lässt uns die Heiligkeit in der Transformation von Äußerem und Innerem entdecken.

Neben Ausgesuchtem von Dschalāl ad-Dīn Rūmī, Bahauddin Walad, Hafis, Khalil Gibran, Bülent Rauf, Reshad Feild, Muzaffer Ozak, G.I. Gurdjieff, P.D. Ouspensky, Idries Shah, Osho, Scotus Eriugena, Emanuel Swedenborg oder Henry Miller finden sich hier zum ersten Mal auf Deutsch vorliegende Trouvaillen von Annemarie Schimmel, Muḥyīddīn Ibn ʿArabī, John G. Bennett, Christopher Bamford und Paul Dukes.

ISBN 978-3-942914-20-8
324 Seiten

Eine ebenso spannende wie humorvolle, tiefgründige wie lehrreiche Liebes- und Abenteuergeschichte über Verlust und Neubeginn, über den Auszug aus der eigenen kleinen Welt und das Erwachen im großen Unbekannten. Es treten auf: Daud, ein erfolgreicher Kaufmann von der Mittelmeerinsel Aruad; Takla, eine junge Köchin im berühmten Nonnenkloster von Saidnaya; und Shams, ein alter Ziegenbock aus den Hügeln über Damaskus. Diese drei Unerschrockenen begleitet die *Damaszener Trommel* durch die syrische Landschaft des neunzehnten Jahrhunderts, mit ihrem vielgesichtigen Kaleidoskop von Völkern, Kulturen und Religionen aus der Levante, auf ihrer abenteuerlichen Reise durch Zeit und Raum und darüber hinaus. Eine zauberhafte Erzählung über Liebe und Selbsterkenntnis, Mut und Vertrauen, Schicksal und Bestimmung, Hingabe und Freiheit. In dieser modernen Tausendundeine-Nacht-Geschichte voller Überraschungen erleben wir die Abgründe des allzu Menschlichen und höchste Menschlichkeit, Niedertracht und Großmut, kriminelle Machenschaften und spirituelle Höhenflüge und begegnen Bösewichten und Helden, Narren und Weisen – und jeder Menge Ziegen. Christopher Ryan studierte Persisch und Osmanisch und schrieb als profunder Kenner der Menschen und Traditionen im Nahen Osten viele Jahre für englische Zeitschriften. In der *Damaszener Trommel* zieht er uns augenzwinkernd in den Bann einer höheren Wirklichkeit, die er im Stil des Magischen Realismus lebendig werden lässt.

ISBN 978-3-942914-21-5

300 Seiten

Wie leben wir *richtig*, sodass wir unser körperliches, geistiges und seelisches Daseinspotenzial verwirklichen und mit unserer Umwelt, unseren Mitmenschen und uns selbst in Achtsamkeit und Mitgefühl umgehen und Sinn und Zweck unseres Lebens auf der Erde erfüllen können? Der Shivapuri Baba, einer der beeindruckendsten Menschen des 19. und 20. Jahrhunderts, der ein salomonisches Alter von 137 Jahren erreichte, lehrte das Prinzip des »Rechten Lebens«, das in seinen Grundlagen bestechend einfach und gerade deshalb problemlos übertragbar ist auf jede Epoche, Gesellschaft, Kultur und Religion. Nachdem er 24 Jahre in absoluter Einsamkeit im indischen Dschungel gelebt, danach auf seiner Pilgerreise 40 Jahre lang den gesamten Erdball zu Fuß umrundet und zahlreiche historische Persönlichkeiten wie die Königin Victoria, George Bernhard Shaw oder Theodore Roosevelt beraten hatte, ließ er sich 1926 in Nepal nieder, wo er die Erkenntnisse seiner Erfahrung der spirituellen Verwirklichung lehrte. Obschon bereits zu Lebzeiten als großer Heiliger verehrt, lehnte er jeglichen Kult um seine Person vehement ab. Auf seine Bitte, seine Lehre der drei Disziplinen Rechten Lebens für die moderne Welt einfach und verständlich darzulegen, schrieb John G. Bennett diesen Klassiker der spirituellen Literatur: eine praktische Anleitung, wie wir – egal in welcher religiösen Tradition wir zuhause sind – die richtigen Prioritäten setzen, ganzheitlich leben und zu Selbsterkenntnis und Gottesschau gelangen können.

ISBN 978-3-942914-26-0
240 Seiten · 13 Abbildungen